LES CHANTS DU SOIR

POESIES (1re Série)

par Théodomire Geslain.

Prix : 1 fr.

Se trouve :

Chez l'Auteur, à Saint-Maurice-lès-Charençey (Orne)
à Bourges, chez M. Just-Bernard, libraire,
rue Cour-Sarlon.

LES CHANTS DU SOIR

POESIES (1re Série)

par Théodomire Geslain.

Prix :
1 fr.

Se trouve :

Chez l'Auteur, à Saint-Maurice-lès-Charençey (Orne)
  à Bourges, chez M. Just-Bernard, libraire,
rue Cour-Sarlon.

AU LECTEUR.

Aujourd'hui qu'on est habitué à lire Hugo, Lamartine, Sainte-Beuve, et tant d'autres poètes, on dédaigne de sacrifier un franc et deux heures de son temps pour lire les vers d'un jeune poète. On se base sur ce que n'étant pas connu, il n'a pas de talent... Quelle erreur !... Et pourtant de cette petite somme d'un franc et de ces deux heures de temps peut dépendre tout un venir. — L'auteur des pièces qu'on va lire ose espérer un meilleur accueil de ses lecteurs. Pour ne pas les fatiguer ni les entraîner dans une dépense, il ne leur donne que la quinzième partie des pièces qu'il a en portefeuille, et cela pour une somme tout à fait insignifiante. — Il fait ce sacrifice tout en abandonnant ses vers au vent d'orage, à la merci des lecteurs qui peuvent le critiquer tout à leur aise; mais pour les remercier, l'auteur leur promet déjà pour l'année prochaine un nouveau volume plus beau et plus compacte.

En attendant, il pense et s'incline!

St-Maurice les-Charencey, Orne, 30 novembre 1867.

Théodomire GESLAIN.

I

PUDEUR.

> Redemande au repentir la robe de l'innocence;
> C'ost lui qui l'a trouvée et qui l'a rend à ceux qui l'ont perdue.

O cœur trop tôt blasé, beauté trop tôt perdue,
Où donc est ta pudeur que ton sein a vendue ?
Où donc est ce regard qui flamboyait d'amour
Quand un rayon du ciel l'éclairait de son jour ?

Où donc est ce souris qui montrait tant de charmes,
Cet attrait séduisant qui dissipait les larmes,
Ces cheveux noirs flottant sur ce front calme et pur,
Et qui voilaient des yeux du plus céleste azur ?

Eh ! tu n'a pas quinze ans, je te vois, jeune fille,
Moins franche qu'une mère au sein de sa famille.
Car, berçant ses enfants d'un doux rayon d'amour,
Vieille, elle s'éteint jeune à la fin d'un beau jour !

Tu t'es flétrie, amie, au moment de produire
La beauté, la pudeur, la vertu qu'on admire;
Car ta lèvre est noircie et ton teint est ridé,
Puis ton souffle d'amour est un souffle infecté !

Hélas ! qu'il y en a de ces beautés célestes
Qui, pour un court plaisir à leurs jours sont funestes!
Qu'il y en a hélas ! en gardant pur leur cœur,
Qui verraient ici bas des moments de bonheur !

J'en ai vu comme toi des rubans à la tête,
Le sein et les bras nus courant de fête en fête,
Etouffant leurs vertus quand elles paraissaient
Et donnant leur amour à ceux qui le voulaient !

Oui, j'en ai vu beaucoup au lever de l'aurore,
La pudeur sur le front, la beauté près d'éclore,
Qui fuyaient du torrent le bord capricieux,
Et, pour ne point le voir, — un voile sur les yeux ;

Mais hélas ! tout cela n'était rien qu'une feinte ;
Les plaisirs arrivaient, et, de leur molle étreinte,
Dissipaient la pudeur ! — Puis le grand jour venu :
« J'ai trop aimé, Dieu juste ! et je n'ai point vécu... »

Leur vie était semblable aux fleurs de nos vallées,
Qui naissent le matin et le soir sont fanées,
Qui, livrant leurs couleurs à des rayons brûlants,
Penchent vers le tombeau leur corps déjà tremblants !

Pour Dieu, belle Délie, épargne-toi, de grâce,
Ces plaisirs sans vertus où la pudeur s'efface ;
Eteins ce vil amour, éteins ta volupté,
Et repousse l'attrait de l'impudicité !

Tu peux encore, enfant, revenir jeune et belle :
Et la joie à tes yeux ne sera pas rebelle;
Car tout n'est pas perdu, pur encore est ton cœur,
Cessant d'aimer des sens, tu tiendras ta pudeur !

16 août 1866,

II

AMBITION

> La gloire est le rêve d'une ombre.
> (LAMARTINE).

I

Quand les brumes du soir recouvrent la campagne,
Quand la lune apparaît au haut de la montagne
    Empreinte de rougeur,
Quand, rêvant dans la nuit, les brises printannières
S'envolent par-dessus les toitures dernières,
    Que vous faut-il, mon cœur ?

N'avez-vous pas pour vous le ciel et les étoiles,
Les fantômes de nuit flottant dans leurs longs voiles
    Et montant vers les cieux ?
N'avez-vous pas encore l'amour et le silence,
Le poète admirant qui bondit et s'élance
    Le front haut, radieux ?

Cherchez-vous les beautés qui volent sur les trônes,
Les vivats, les lauriers, la gloire des couronnes,
    En un mot, — les grandeurs ?
Hélas ! arrêtez-vous : ne marchez pas si vite,
Sachez-bien que la mort ici nous précipite
    Malgré tous les honneurs !

Vous osez envier le bruit de la mitraille,
Les rapides boulets lancés dans la bataille,

Et plus, les sceptres d'or ;
Vous voulez les honneurs rendus au beau génie
Qui vainquit et soumit les grands de Germanie;
Que vous faut-il encor ?

Des villes ? des châteaux ? — Jouissances nouvelles,
Comme Napoléon, des bouquets d'immortelles
Sur un buste sculpté ?...
Hélas ! vous le savez, après quelques années,
Ces fleurs daus un seul jour furent toutes fanées,
Seul, le bronze est resté !

« Mais c'est un monument très durable ? » — Oui, dura.
Mais un secret bonheur me semble préférable
A tous ces vains honneurs....
En serons-nous bien mieux dans notre tombe noire,
Après avoir vécu quarante ans dans la gloire,
Et marché sur des fleurs ?...

25 avril 1867.

II

Jadis aux rives de la Grèce,
On vit marcher avec l'honneur,
Le meurtre, le vol, la sagesse,
Les dissentions, le bonheur !
La gloire, oh ! oui, surtout la gloire,
La richesse et la volupté,
Tout se plaçait dans la mémoire,
Tout est tombé de vétusté !

Le vaste empire d'Alexandre,
La ville de Sémiramis,
Sont passés comme au vent la cendre ;
Jadis Dieu leur avait promis !
A bas ! richesses, honneurs, puissance,
Courbez-vous sous le poids des airs ;
A peine sortis de l'enfance,
Vous vous perdez dans les déserts !

Ah ! la gloire est, comme la feuille,
Soumise à des vents bien changeants ;
L'été passe, et l'hiver l'effeuille
Un jour au souffle des autans !
La gloire ? ce n'est qu'un fantôme
Vacillant sur de noirs tombeaux,
Comme ces oiseaux que l'on nomme
Chouettes, hiboux ou corbeaux.

L'homme n'est qu'un bateau sur l'onde,
Un marin jeté sur la mer ;

La vie est cette mer profonde
Où l'homme cherche un rayon d'air !
Un coup de vent bien loin l'emporte,
Tel sur l'Océan un vaisseau ;
Nous frappons tous à l'autre porte
Qui se trouve être le tombeau !

Regardons tous tant que nous sommes
La gloire comme un grain de mil,
Qui, pour faire vivre les hommes,
Marche toujours, — poisson d'avril !
Aimons par-dessus toute chose,
Le bonheur, la réalité ;
La gloire est un feuillet de rose,
Le bonheur, c'est l'éternité !

mai 1867.

III

SONNET

A M. Emile AUGIER, de l'Académie française.

La vie est une mer où vogue tout le monde,
Une superbe mer, cachant plus d'un écueil...
D'un côté, le malheur, — une vague profonde !
De l'autre, le bonheur... et tout près, le cercueil.

L'homme est comme un roseau qui balance sur l'onde,
Et qui, faible pourtant, se dresse plein d'orgueil,
Un rien le fait trembler : la feuille vagabonde,
En passant devant lui, le laisse comme en deuil !

Ce qu'on appelle « vie » et tout ce que l'on nomme :
Bel esprit, grand génie, en un mot plus court, — l'homme,
Ne sont rien qu'une fleur qui ne dure qu'un jour.

Un souffle du Seigneur, un seul souffle sur terre,
Change un jour de bonheur en un an de misère,
Mais lui reste toujours un modèle d'amour !

St-Maurice-les-Charencey, 23 mars 1867.

ENVOI

Une fleur est partie, oh! ce n'est pas la rose ;
Partie où? je ne sais, sur les ailes du vent !
Elle est partie, hélas ! — à grande peine éclose,
Portant un doux parfum au Molière vivant !

25 mars 1867.

IV

AMOUR

> C'est ici qu'enchaîné par un attrait vainqueur,
> Le cœur éprouvera s'il a trouvé le cœur.
> (Emile DESCHAMPS).

L'amour, c'est le soutien de l'homme et de la femme,
C'est le plus grand trésor qu'on puisse rechercher,
C'est le rayon d'un feu dont le foyer est l'âme,
Et c'est un fruit charmant que l'on aime à cacher.

C'est une onde très-pure, onde qui désaltère
Le soir d'un de ces jours où l'on a fatigué ;
Tous les instants d'amour dissipent la misère
Où longtemps quelquefois notre cœur a baigné.

C'est un bouquet de fleurs que toujours on respire,
C'est un parfum suave, enivrant et fort doux ;
C'est un philtre entraînant qui fait que l'on expire
Quand on l'absorbe trop ! — Gare aux nouveaux époux !

L'amour, l'amour n'est pas seulement une flamme
Où toujours nous cherchons à réchauffer nos cœurs,
C'est encore un grand nom qui renferme notre âme,
Un soldat dont jamais nous ne sommes vainqueurs.

Sans amour, dites-moi ce que deviendrait l'homme ?
Un être insociable, une branche sans fleur,
Qui ne reconnaîtrait ici-bas qu'un fantôme,
Dans les bras d'une femme, une ombre de malheur !

Ceux qui pensent ainsi sont grandement à plaindre,
Ils sont là comme un mont toujours battu des vents,
Sans consolation, puis ils ont tout à craindre,
Tandis qu'avec l'amour tous nos jours sont charmants.

L'amour, je vous le dis, on en trouve à toute heure,
Dans les bois, sur les eaux, dans l'ombre de la nuit,
C'est un temple sacré mis dans notre demeure,
Où nous devons toujours aller prier sans bruit.

On en trouve partout ! — Quand l'aurore enflammée
Au calme du matin s'élance à l'orient,
La masse des oiseaux, cette imprenable armée,
Fait entendre un concert doux, sonore, brillant !

On les voit, deux à deux, se poser sur la feuille,
Le plus fort apportant au plus faible à manger ;
Quoi ! n'est-ce donc pas là l'amour qui les recueille
Dans des embrassements que l'on ne peut changer ?

Ils s'aiment, oh! c'est vrai! — Cette amour mutuelle
Les unit tellement que dans tous leurs combats
Le mâle vigoureux protège sa femelle,
Et puis elle, à son tour, ne l'abandonne pas!

Ils ont tous leurs instincts, nous, nous avons les nôtres,
Lorsque la femme belle à nos yeux amoureux
Nous paraît offensée ici-bas par les autres,
La protégeons-nous pas de nos bras vigoureux!

C'est ce noble devoir qui nous gagne leur âme,
C'est leur amour profond à notre amour léger,
C'est leur feu tout puissant à notre faible flamme,
C'est un double bonheur que Dieu veut mélanger.

On en trouve partout! — car ainsi ce doit être.
L'amour c'est le bonheur sur un lit tout de fleurs,
C'est son philtre puissant qui fait notre bien-être,
Et qui chasse de nous les chagrins, les malheurs!

mai-juin 1867.

V

SYLVIO

A M. Sainte-Beuve, de l'Académie française.

Un homme avait quitté ses champs et ses plaisirs
Pour venir à Paris seul but de ses désirs.
Il était jeune encor ; les fleurs de la jeunesse
Couronnaient ce front pur que ride la vieillesse,
Il avait pour suffire à ses besoins de l'or,
De l'esprit, du talent et du génie encor ;
Mais bah ! la vie aux champs était trop monotone,
On n'y voyait jamais bals, théâtres, personne ;
Pas un seul, non pas un, ne venait éblouir
Notre homme des beautés dont l'œil aime à jouir.
Il s'ennuyait beaucoup d'autant de solitude,
Il lui fallait de quoi se faire une habitude,
Il voulait, — c'était là que tendaient tous ses vœux,
Voir Paris, où toujours il pensait être heureux.
— Enfin donc il partit.
              Pendant tout le voyage
Il oublia l'oiseau chantant sous le feuillage;
Il oublia ses champs, ses parents, ses amis,
Pour l'avenir riant qu'il s'était tant promis !
Tels s'en vont nuit et jour mille et mille nuages,
Emportés par les vents vers de lointains rivages,
Emportant dans leur sein les tempêtes, la mort;
Tel notre homme courait après un triste sort...
Pour lui la vie était une mine féconde,
Où chacun à son gré peut puiser en ce monde,

Pour lui c'était le vrai, le grand, le précieux
Et l'immense infini qui n'appartient qu'aux cieux !
Il n'apercevait pas dans toute sa sagesse,
Qu'un jour tous les plaisirs font place à la détresse,
Que la santé, la joie et peut-être l'honneur,
Se perdent tour à tour en chassant le bonheur.
— Qu'importe? Il lui fallait ici bas sur la terre,
Un Paris procurant les plaisirs de Cythère;
Ce Paris tant aimé, ce gouffre dévorant :
« Ah! disait-il toujours, que c'est beau! que c'est grand!
« On n'y doit pas pleurer; mais on doit à tout heure
« Y trouver de l'amour, des femmes. Ma demeure
« Sera de Mahomet l'illustre Paradis
« Où joueront avec moi quelques fraîches houris !...»
Il disait tout cela sans penser, le pauvre être!
Qu'il aurait à combattre, et la faim, et peut-être
Le froid, la maladie et souvent le mépris,
Qui nous blesse toujours en frappant nos esprits.

Il ignorait encor qu'à Paris on travaille,
Et que sans travailler on ne fait rien qui vaille.
Il n'avait jamais vu dans de petits greniers
De très jeunes enfants souffrant à jours entiers;
Il ignorait aussi qu'il est des jeunes filles
Qui ne vivent de rien que d'un travail d'aiguilles,
Qui soufflent dans leurs doigts roidis pour s'échauffer,
Quand un froid transcendant voudrait les étouffer!

Arrivé dans Paris, il loua, pour sa gloire,
Un hôtel dont le nom me part de la mémoire;

Il chercha ses plaisirs de toutes les façons,
Dans de nocturnes bals, dans d'affreuses maisons.

Vingt ans avaient passés sur le front de cet homme;
Il était maigre, gris, pâle comme un fantôme;
Sa joue était flétrie, et son menton aigu
Faisaient connaître assez comme il avait vécu;
Ses yeux étaient cavés et ses dents déchaussées;
Il n'avait plus d'amour, plus de saines pensées :
Tout, avec la jeunesse, avait pour toujours fui,
Il ne lui restait rien pour dissiper l'ennui. —
Des cheveux en désordre, une barbe hideuse,
Un rire frénétique, une blouse fangeuse;
Rien, pas le moindre ami; plus d'argent, plus de pain,
Plus de feu pour tuer et le froid et la faim...
Souvent il s'asseyait au bord de sa fenêtre,
Pensant, examinant, sans même se connaître,
Fumant de vieux tabac trouvé sur le pavé :
C'était le type vrai de l'homme dépravé ! —
C'est alors qu'il eut dû se maudire lui-même,
Demander son pardon à son maître suprême,
C'est alors qu'il eut dû, pour terminer ses jours,
Repousser de bien loin ses hideuses amours.
Hélas! lui dont les bras avaient pris tant de femmes,
Lui dont l'œil avait vu tant de choses infâmes,
Lui qui n'avait jamais recherché ses plaisirs
Et dissipé son or pour suffire aux désirs
Que dans le charme usé des filles desséchées,
Il lui fallait encor des femmes débauchées,
Et du vin pour rougir ses traits défigurés !...

O misère de l'homme ! ô penchants égarés !

Et pourtant, il avait pour soutenir son âme,
Deux yeux d'un bleu céleste et le cœur d'une femme,
Deux yeux que sa débauche a fait mouiller de pleurs,
Et ce cœur que le sien a rempli de douleurs !
Cette femme l'aimait, car elle était venue
D'une ville éloignée et presque toute nue,
Pour lui garder l'argent qu'elle avait ramassé,
Et qu'avant de l'avoir, il avait dépensé,
Car il devait beaucoup. — Cette beauté première
Vivait du peu de pain que gagne l'ouvrière,
Qui travaille l'été dix-huit heures par jour,
Et la nuit, dans l'hiver, veille et dort tour à tour.
Elle habitait en haut, au quatrième étage,
Et ne dormait jamais que sur le carrelage ;
Pour réchauffer ses doigts, — courage sans pareil !
Elle avait les rayons obliques du soleil,
Mais l'or qu'elle gagnait c'était pour cet infâme,
Qui n'avait plus d'amour, plus de vertu, plus d'âme,
C'était pour obtenir de lui ce seul baiser
Qu'un bon frère à sa sœur ne saurait refuser.
Elle voulait changer son existence amère,
Elle voulait qu'il fut plus heureux sur la terre,
Et lui voulait la perdre O ce frère mauvais
Ne la reconnut pas, ne le voulut jamais !

Il ne le voulut pas. — quoi ! c'était donc la honte ?
— Non. La honte vient tard et la folie est prompte.
Il était presque fou sinon que tous les jours,
Il appelait encor ses anciennes amours !...

Un soir, cette sœur vint le voir dans sa mansarde,
Il était bien malade; elle resta son garde.
Sa figure était blême et son front creux noirci,
Et ses membres tremblants blémissaient tous aussi.
Dans le jour il avait encore eu le courage
De s'enivrer. Hélas ! c'était son seul ouvrage !
La nuit vint promptement; sa bonne sœur veilla,
Puis elle s'endormit... Quand elle s'éveilla,
Ah! quel affreux spectacle ! — Au pied de la fenêtre,
Son frère était couché. « Silvio mort peut-être ! »
Enfin elle approcha chancelante, sans bruit...
Et se mit à prier avec ferveur pour lui,
Pour lui qui désormais ne serait plus infâme,
Pour lui qui venait donc de rendre à Dieu son âme,
Pour lui que le plaisir n'allait plus carresser ; —
Puis elle eût le courage encor de l'embrasser!

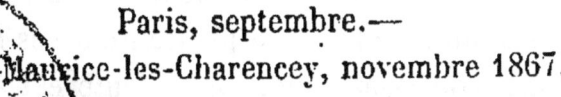

Paris, septembre.—
St-Maurice-les-Charencey, novembre 1867.

VI

Pourquoi méprisez-vous une femme perdue,
Allaitant son enfant au coin de chaque rue?
Pourquoi donc insulter à ses charmes flétris,
A sa beauté fanée et à ses yeux meurtris ?
Sujette du malheur, en est-elle moins femme?
N'a-t-elle pas un cœur, n'a-t-elle pas une âme ?
— Et puis est-ce sa faute, homme de peu de cœur,
Si quelque ingrat, un jour, s'est montré séducteur?

Elle était belle avant, elle était fraîche et pure
Avant que vous vinssiez la pousser dans l'ordure,
Avant que votre main, avant que votre voix
Vinssent la détourner de ses jeux d'autrefois !
De la femme honorée elle était bien l'égale,
Elle craignait la mort et la peine fatale;
Aujourd'hui qu'elle est là pleurante à vos genoux,
Homme, rougissez donc, car sa faute est à vous !

6 septembre 1867.

VII

L'AVARE.

Voyez-vous ce pauvre homme au fond de sa demeure,
Comme il est occupé gravement à toute heure ?
Comme il dit au repas : — « Ah ! tu reviens encor ?... »
Comme il chasse la nuit en recomptant son or.

Dormir une journée et boire une minute,
Ce sont des ennemis contre lesquels il lutte ;
Car sans cesse entasser c'est sans grande vertu :
Un instant sans argent c'est un grand jour perdu.

Qu'importe à cet heureux si l'on meurt de misère,
Pourvu que son armoire ait tout l'or de la terre,
Ne jamais rien donner, modérer ses besoins,
Mais empiler toujours, voilà ses plus grands soins.

Bien ! vous avez raison : retirez-vous du monde
Qui dépense son or et passe comme l'onde ;
Allez ! retirez-vous, avare, et vivez seul,
Mais qu'emporterez-vous à la fin ? — Un linceul !

28 septembre 1866.

VIII

J'AIME TOUT.

Qu'on la nomme Célimène,
Lise, Marie ou Toinon,
Elisabeth, Philomène,
C'est toujours le même nom.

Oui toute femme m'est bonne,
Car elle a ce qu'il me faut ;
Je viens et je la couronne
D'un baiser doux et bien chaud.

Qu'elle soit sur la grand'route
Recouverte de lambeaux,
Ou brillante d'or, je doute
Quels sont les yeux les plus beaux !

Jeunes femmes, je vous aime,
Riches ou pauvres, venez ;
Mon cœur est toujours le même
Pour les fronts purs ou ridés !...

Toutes jetez dans mon âme
La tendre compassion ;
A toutes je dis : « madame ! »
Tant pis la position !...

Ma courte chanson s'envole
Et gaie, emporte mon nom ;
C'est assez d'une parole
Aux laveuses de Meudon,

Je vois leur figure blanche
Se mirer dans le lavoir ;
Je viens, vite je me penche,
C'est afin de les mieux voir !

Leurs gestes tuent ma parole
Quand j'entends crier : — « Ah ! çà,
« Vas-tu partir, jeune drôle ?
« A-t-on vu ce farceur-là !... » (1).

2 février 1866.

---

(1) Cette pièce renferme trois genres : le *libre*, le *comique* et le *moral*. qu'on devine !...   T. G.

IX

RÉFLEXIONS POUR MES LECTRICES.

Avoir un rang dans le monde,
Etre homme très-influent,
Puis une gloire profonde
Comme un être permanent ;

Etre roi de grands royaumes,
Vainqueur dans mille combats,
Etre le plus grand des hommes,
Le plus parfait d'ici-bas ;

Avoir des bains de porphyre,
Mille vaisseaux sur les mers,
Des plaisirs à me suffire,
Des beautés comme les airs ;

Cent palais qui sur l'eau glissent,
Toute la terre à mes pieds,
Tous les cieux qui m'obéissent,
Tous les bonheurs enviés ;

Ça ne vaudra jamais, belle,
Un doux rayon de tes yeux,
Un souris de ta prunelle,
Un regard de tes yeux bleus.

S.-M. 5 août 1867.

BOURGES
Imprimerie Marguerith-Dupré
1868.

www.ingramcontent.com/pod-product-compliance
Lightning Source LLC
Chambersburg PA
CBHW060631050426
42451CB00012B/2527